8° Ye
12694

AF341304

Collection rose

EL VICAIRE

Cloches
du Pays

PARIS

LIBRAIRIE A. LEMERRE

8° Ye
12694

ollection rose

EL VICAIRE

Cloches
du Pays

PARIS

LIBRAIRIE A. LEMERRE

Cloches du Pays

1911

8° Ye.
12694

Petite Collection rose

GABRIEL VICAIRE

Cloches du Pays

PARIS

LIBRAIRIE A. LEMERRE

GABRIEL VICAIRE
(1848-1900)

Gabriel Vicaire est né le 25 janvier 1848 à Belfort, où son père était receveur de l'enregistrement et des domaines, mais sa famille était originaire du Bugey. Après sa mort, survenue à Paris le 23 septembre 1900, son corps fut transporté au cimetière d'Ambérieu (Ain), où, selon son vœu, il repose avec ses parents.

On a célébré en lui le pince-sans-rire des Déliquescences d'Adoré Floupette, mais il fut tout autre chose qu'un humoriste. On a célébré en lui le buveur et le franc-luron, mais il fut tout autre chose qu'un poète de cabaret. On a célébré en lui le chantre de la Bresse, mais il fut tout autre chose qu'un poète de clocher.

Il est vrai qu'un de ses deux livres de début a été une joyeuse fumisterie, écrite en collaboration avec un ami. Agréable fantaisie, qui n'aurait dû être prise que pour ce qu'elle valait. Mais, chez nous, la parodie est toujours assurée de faire fortune. Ne nous indignons point que Gabriel Vicaire ait raillé avec esprit les ridicules de l'école décadente, mais déplorons que cette amusette de jeunesse l'ait fait classer parmi les plaisantins et soit jusqu'ici le plus réédité de ses ouvrages.

Ses Emaux bressans (1884) sont, pour beaucoup de gens, son chef-d'œuvre. On l'y a enfermé comme dans une prison. Pour la critique, il est demeuré uniquement l'auteur de ce livre : il lui a paru qu'il s'y était mis tout entier, le reste de son œuvre n'ayant été que du délayage. Rien n'est moins *juste*. Les Emaux bressans *sont un livre qui mérite de rester classique, le type même du poème de terroir. Par la propriété du langage, la justesse pittoresque de l'expression, la nerveuse précision du dessin, il apparente Gabriel Vicaire à Villon et à Marot. Gabriel Vicaire est sain et bien portant comme eux; ennemi de ce qui est trouble ou gangrené, il emprunte à la tradition populaire le tour vif, le mot dru, l'image nette. C'est tout le village bressan qui s'évoque en ces vers pleins et limpides, d'un art très raffiné mais qui ne sent jamais la recherche ni l'effort.*

On peut dire que les Emaux bressans *sont le livre de Gabriel Vicaire qui reflète le mieux son tempérament, celui où la personnalité du poète apparaît le plus nettement, comme nue et sans être revêtue d'ornements étrangers.*

Mais, si les Emaux bressans contiennent le meilleur du poète, ils ne contiennent pas le poète tout entier. Le Miracle de Saint Nicolas (1888) a été comme un lien entre la première manière de l'auteur et la seconde.

Tout le poème, qui met en scène une légende populaire, est de l'art le plus nuancé, le plus délicat. Il n'y a là rien d'appris, ni de truqué : tout coule de source.

Passons sur A la Bonne Franquette (1892), recueil de ballades et de fantaisies qui n'a pas peu contribué à faire ranger l'auteur parmi les poètes bachiques, pour en arriver au maître livre qu'est l'Heure enchantée (1890), auquel il faut adjoindre comme procédant de la même inspiration Au Bois joli (1894) et le Clos des Fées (1897). Cette partie de son œuvre est la moins populaire, ce qu'il ne serait pas tout à fait juste d'expliquer uniquement par sa supériorité : plus riche de forme, plus séduisante d'atmosphère, de couleur, elle a quelque chose de moins précis, de plus enveloppé et de plus vaporeux qui enchante les délicats, mais qui répond moins au goût français. A cette ambiance réaliste des Emaux bressans succède ici une ambiance d'irréalité et de légende. Vrai magicien, Gabriel Vicaire évoque un monde féerique en des tableaux qui sont un continuel ravissement.

Le dernier recueil du poète, Au Pays des Ajoncs, paru un an après sa mort, nous montre un Gabriel Vicaire plus grave, cherchant auprès de la mer bretonne un décor s'harmonisant avec ses rêves.

Gabriel Vicaire reste, dans la meilleure partie de son œuvre, le type du poète qui chante pour chanter, comme ce Rossignol qui fait l'objet d'un de ses poèmes. Ce n'est point un « intérieur »; on ne trouve chez lui aucun écho des inquiétudes, des angoisses qui torturent les âmes tourmentées. Il n'y a chez lui nulle trace d'influence étrangère : il est un poète essentiellement français, se rattachant à nôtre meilleure tradition classique. Il n'a rien de morbide, de maladif, de troublant. Il tient de notre race gauloise l'entrain, la belle humeur, le robuste bon sens, l'esprit et la malice. Il a excellé dans la ronde et la chanson où peu de poètes ont réussi comme lui. Sont-ce bien là les qualités que nous demandons aujourd'hui à nos poètes? C'en sont d'autres, qui n'en ont pas moins leur saveur. Si tels poètes modernes douloureux, meurtris, rongés par la souffrance, ont écrit des vers qui reflètent davantage le malaise de leur époque, un Gabriel Vicaire n'est pas moins poète qu'eux, mais il l'est autrement. Les Emaux bressans parus il y a quarante ans ne vieilliront jamais; ce livre ne porte aucune date. Gabriel Vicaire est une âme reposante et fraîche qui a aimé la campagne, les saisons, les fleurs, les oiseaux, les contes bleus, les légendes, et que rien au monde ne semblait intéresser que sa chanson, laquelle était à elle-même sa propre fin. « De la musique avant toute chose » : ce vers de

Paul Verlaine aurait pu être la devise de Gabriel Vicaire. Et pour ceux qui aiment la musique légère, c'est cela, en effet, qu'est son œuvre : une musique perpétuelle, un chant d'oiseau dans la lumière matinale.

ANDRÉ **FOULON DE VAULX.**

À la Bresse

O mon petit pays de Bresse, si modeste,
Je t'aime d'un cœur franc ; j'aime ce qui te reste
De l'esprit des aïeux et des mœurs d'autrefois ;
J'aime les sons traînants de ton langage antique,
Et ton courage simple, et cette âme rustique
Qu'on sent frémir encore au fond de tes grands bois.

I

J'aime tes hommes forts et doux, tes belles filles,
Tes dimanches en fête avec leurs jeux de quilles
Et leurs ménétriers assis sur un tonneau ;
Tes carrés de blé d'or qu'une haie environne,
Tes vignes en hautains que jaunira l'automne,
Tes villages qu'on voit se regarder dans l'eau.

Tu n'as pas, il est vrai, ces allures hautaines
Qui frappent le vulgaire ; et tes claires fontaines
Ne disent rien au cœur des foules, Dieu merci ;
Sur la harpe ou la lyre on t'a peu célébrée,
Mais, telle que voilà, pauvre, simple, ignorée,
Sans atours ni façons, tu me plais mieux ainsi.

Pardonne, vieille mère à la face chenue,
Si, dans tes yeux si doux, lisant ma bienvenue
Et tout émerveillé du bruit de tes échos,
Rimeur improvisé, fol oiseau de passage,
Pour te ragaillardir, j'ai mis à ton corsage
Ce bouquet de bluets et de coquelicots.

Le Poème du Paysan

Vous avez vu, sous les bastilles,
Ces petits soldats en guenilles.
On leur a dit : « Marche ; au canon ! »
C'est bien. Ils vont, tombent et meurent ;
A peine un cri. Ceux qui demeurent
Ont oublié déjà leur nom.

Ainsi du paysan. Sans crainte
Il accomplit son œuvre sainte,
Il est dans la mêlée aussi.
Nourricier de la race humaine,
Qu'un beau jour il tombe à la peine,
Qui de nous en prendra souci ?

Certe il aimerait vivre à l'aise,
Étendu dans sa large chaise,
Devant un pot de petit bleu.
Comme vous, bourgeois de la ville,
Il aimerait, heureux, tranquille,
A s'ébaudir au coin du feu.

Mais à peine, las de sa veille,
En son lit étroit il sommeille ;
Voici qu'éveillée à demi,
L'aube fraîchit ; la nuit est blanche.
Le besoin vient, qui par la manche
Tire le lutteur endormi.

Eh! debout, debout! — Lui s'étire.
« Encore un peu... — Bon, que va dire
Ta femme qui n'aura demain
Rien à donner au *fieu* qui pleure!
N'as-tu pas honte? Allons, c'est l'heure. »
— Le voilà sur le grand chemin.

L'étendue immense est muette.
Pas un frisson; une alouette,
Seule, monte, monte au lointain.
Courbé comme sous la mitraille,
L'homme va, vient, sue et travaille;
Le soleil éclate soudain!

Soudain mille voix dans la brise
Murmurent; le coq de l'église
Se penche d'en haut pour mieux voir
La rude joute qui commence.
Bêches, râteaux entrent en danse;
La fête dure jusqu'au soir.

Il faut se battre avec la terre,
Car, toujours pleine de colère,
L'aïeule couve son trésor.
Une âme chaude est sous l'écorce ;
Il faut chasser de vive force
L'avare accroupi sur son or.

C'est d'abord le temps des semailles,
Le blé vert, où chantent les cailles,
Qu'on voit moutonner dans le vent,
Puis le blé jaune où, hors d'haleine,
La faux alerte se promène,
Reluisante au soleil levant ;

C'est, sur la colline pelée,
La vigne de Midi brûlée ;
C'est, durant les longs soirs d'hiver,
Le chanvre qu'on teille en famille ;
C'est la charrue et la faucille,
Le pain grossier, souvent amer.

Et cependant guette à la porte,
Attendant que le maître sorte,
La fièvre, un doigt sur le loquet.
A l'âtre un peu de chènevotte;
Le vieux père est là qui grelotte;
Marche, ahu, dia, mon bourriquet!

Puis vient l'impôt. Hardi, bonhomme!
Le roi, qui te sait économe,
Veut voir le fond de tes grands bas.
La huche est vide et l'enfant crie;
Bientôt ta Jeanne se marie.
Il faut payer; on n'attend pas.

Ah! vraiment, la misère est grande;
Et que de martyrs la légende
A dédaignés! — Pourtant, tout doux!
Ce pauvre diable sans histoire,
Sous son bonnet de laine noire,
Est plus heureux, plus gai que nous.

Ne le plaignons pas. La tempête
Passe et l'épargne ; sur la tête
Il a le ciel tout grand ouvert.
Sa pauvreté se sent bénie ;
Calme, il grandit dans l'harmonie
Que font l'eau vive et le pré vert.

Que l'herbe jaunisse ou verdoie,
Dieu lui compte sa part de joie.
Le matin lui parle en riant.
Il va boire aux sources prochaines ;
La paix qui tombe des grands chênes
Emplit son cœur mâle et vaillant.

Puis, quand vient l'heure désirée,
L'heure de la moisson dorée,
Quand, sous le ciel vaste et dormant,
Comme fait une mer immense,
Frémit, murmure et se balance
Le champ de seigle ou de froment ;

Sous les lourdes grappes d'automne,
Quand la cuve crie et bouillonne,
Quand, sous l'effort près d'éclater,
Le pressoir las enfin s'arrête,
N'est-il pas vrai qu'alors c'est fête,
Que le cœur se prend à chanter?

Oui, dans cette nature austère
Le paysan croît et prospère.
Comme un enfant obéissant,
La terre pour lui se fait belle;
Il a dompté le sol rebelle,
Il est maître, il est tout-puissant!

O race forte aux mains calleuses,
Durs laboureurs, bonnes fileuses,
Ménagères des anciens temps,
Vaillants gars, danseurs de bourrée,
Vous par qui croît l'herbe sacrée,
Vous qui nous faites le printemps!

Hôtes pensifs des métairies,
Vous à qui forêts et prairies
Gardent leurs parfums du matin,
Vous les tranquilles, vous les sages,
Vous qui voyez, comme les mages,
Poindre une étoile au ciel lointain,

N'enviez pas nos petitesses,
Nos dégoûts d'un jour, nos tristesses,
Nos grands espoirs sans lendemains.
Vous du moins, votre œuvre est féconde;
L'avenir de notre vieux monde
Repose sur vos larges mains.

Regardez, doux et fiers comme elle,
Rêver la nature immortelle,
En sa nonchalante beauté.
Vous êtes forts; ayez l'audace.
Osez donc regarder en face
Le grand jour de la Liberté?

En vous habite une âme juste ;
Vous êtes le chêne robuste,
Le chêne du milieu des bois.
Tout autour les ronces fleurissent,
Les moineaux francs se réjouissent,
La feuillée est pleine de voix.

Allez, hersez, sarclez l'ivraie,
Faites jaillir de l'oseraie
Le pampre rouge ou l'épi blond ;
Les deux genoux dans la grande herbe,
Comme vos bœufs à l'œil superbe,
Creusez lentement, mais profond.

En dépit de la lune rousse,
Que dans vos verres le vin mousse,
Pris à la bonde du tonneau.
Profitez bien de vos dimanches.
Que des fermes au soleil blanches
Monte une odeur de foin nouveau.

Puis, s'il faut perdre votre année,
Si la faim vient, louve acharnée,
Rôder autour du petit feu,
Si vent, sécheresse ou froidure,
Vraiment la misère est trop dure,
Si c'en est trop, pensez à Dieu.

Car au paysan chargé d'âge,
Du port suprême après l'orage,
De la patrie après l'exil
Il ouvrira la grande porte.
« Vous êtes pauvres, que m'importe?
Entrez, bonnes gens, dira-t-il.

« Comme moi jadis, dans la peine,
Vous avez porté votre chaîne;
Entrez, c'est bien. » Et délivrés
Du vain rêve où l'esprit s'égare,
Dans la paix du pauvre Lazare,
Joyeux, vous vous endormirez !

Les Cloches du Pays

Combien je vous aime, ô voix argentines,
Cloches du pays, sœurs de mes vingt ans !
Ave-Maria, laudes et matines,
Combien mon cœur bat quand je vous entends !

Aux jours bienheureux de ma prime enfance,
Quand j'étais encor timide et pieux,
Mon sommeil était sous votre défense,
Et vous me faisiez des rêves joyeux.

Rien n'était si beau que vos envolées
Dans le grand soleil de l'après-midi ;
Je suivais des yeux vos notes ailées
Qui tourbillonnaient dans l'air attiédi ;

Puis rasant l'église et ses vieilles tombes,
Planant sur le bourg à peine un moment,
Comme un fol essaim de blanches colombes,
S'en allaient se perdre au bleu firmament ;

Et sous votre toit de mousse et de lierre,
Lorsque les voisins étaient endormis,
Notre causerie était familière,
Ainsi qu'il convient à de vieux amis.

O musique chère, heure sans pareille,
Que tous nos propos étaient ingénus !
Nous nous comprenions alors à merveille ;
Vos moindres secrets, je les ai connus.

Parfois nous disions ensemble un cantique;
Mon cœur s'inondait bientôt de clarté,
Le ciel s'entr'ouvrait; dans l'azur mystique,
Dieu m'apparaissait, plein de majesté.

La Vierge brillait plus qu'on ne peut dire
En robe couleur de fleur de pêcher;
Jésus, souriant d'un divin sourire,
Me faisait du doigt signe d'approcher.

Et, comme en avril fleuronne et verdoie
Le verger où passe un reflet des cieux,
Tout le paradis était dans la joie,
Rien qu'à voir jouer l'enfant gracieux.

Oh! qui me rendra l'étoile des mages?
Où donc croît encor le rameau béni?
Quand reviendrez-vous, rustiques images,
Visions d'amour, rêves d'infini?

Hélas, j'ai tant vu d'hommes et de choses
Apparaître et puis s'en aller soudain !
Un souffle de mort a flétri les roses
Qui faisaient l'orgueil du petit jardin.

L'horizon d'antan se trouble et recule
Et l'ombre envahit le cœur délaissé.
Cloches de l'aurore et du crépuscule,
Rendez-moi, de grâce, un peu du passé.

Cloches qui riez quand l'aube s'allume,
Cloches qui pleurez quand le jour s'enfuit,
Angelus du soir perdu dans la brume,
Glas des trépassés qu'emporte la nuit,

Carillons, lancés à travers l'espace,
Qui faites un bruit d'oiseaux envolés,
Belles qui chantez pour le vent qui passe,
Comme l'alouette au milieu des blés,

Cloches qui courez au ras des prairies,
Cloches qui frôlez la cime des bois,
Sur l'aile d'argent de vos sonneries
Emportez mon âme au ciel d'autrefois !

Je vous reconnais. Vous êtes les mêmes
Qui m'aimiez jadis : — Jadis et depuis
En avez-vous fait de joyeux baptêmes !
Que d'enterrements vous avez conduits !

Quand pour Saint-Joseph ou pour Notre-Dame
Vous carillonnez aux jours de gala,
Votre vieux clocher semble rendre l'âme,
Triste logement que vous avez là !

Mais les martinets vous restent fidèles ;
Des moineaux transis vous avez pitié ;
Avec les ramiers et les hirondelles
Vous êtes toujours en grande amitié.

Qui donc mieux que vous, ô bonnes chrétiennes,
Parlerait d'espoir aux hommes changeants?
Vos tintements clairs, vos grêles antiennes
S'en vont droit au Dieu des petites gens.

Infiniment douce, infiniment tendre
Est votre chanson de chaque matin ;
Et moi, l'oublieux, rien qu'à vous entendre,
Je retrouve encore un peu de latin,

Un peu du latin de l'hymne à Marie
Que disait ma mère en vous écoutant,
A l'heure de paix et de rêverie
Où la lune rose était sur l'étang.

Paysage

Il est charmant, ce paysage,
Peu compliqué, mais que veux-tu?
Ce n'est qu'une mer de feuillage,
Où, timide, à peine surnage
Un tout petit clocher pointu.

Au premier plan, toujours tranquille,
La Saône reluit au matin.
Par instants, de l'herbe immobile
Un bœuf se détache et profile
Ses cornes sur le ciel lointain.

Vis-à-vis, gardant ses ouailles,
Le nez penché sur un tricot,
Tandis qu'au loin chantent les cailles,
Une vieille compte ses mailles,
Rouge comme un coquelicot.

Et moi, distrait à ma fenêtre,
Je regarde et n'ose parler.
A quoi je pense? A rien peut-être.
Je regarde les vaches paître
Et la rivière s'écouler.

Berceuse

Do, do, l'enfant do, dans tes pauvres langes,
Faits d'un vieux jupon de ta grand'maman,
Dors, bon gros moutard qui n'as rien des anges,
Dors jusqu'à demain, dors, petit Bressan.

Assis sur le cul, Labri te regarde,
Le chat fait ronron près de ton berceau,
Et, pendue au mur, la Vierge te garde
Côte à côte avec Kléber et Marceau.

Ton sommeil est calme à nous faire envie,
Dors sans remuer, do, do, l'enfant do.
Tu ne connais rien encor de la vie;
On t'a fait là, môme, un triste cadeau.

N'importe. Un beau rire élargit ta face,
Et tu m'as tout l'air d'un gars bien planté.
C'est plaisir de voir ta brune tignasse,
Plaisir d'admirer ta forte santé.

Dors tranquillement, dors, petit Jean-Claude,
L'heure de peiner s'éveille au lointain.
Quand tu porteras comme nous la blaude,
On t'éveillera de meilleur matin.

Dors, tu seras gueux, gueux jusqu'à la tombe.
Qu'on soit parpaillot, juif ou bon chrétien,
Comme grêle aux champs, la misère tombe
Sur les pauvres gens qui n'y peuvent rien.

Cette hôtesse-là vient sans qu'on l'invite,
Et vide la grange épi par épi.
A ce jeu, garçon, tu perdras bien vite
Tes fraîches couleurs de pomme d'api.

Que vas-tu manger? Cette nuit l'orage
Sur la terre humide a couché ton blé.
Où mener tes bœufs? Plus de pâturage.
Quel vin boiras-tu? La vigne a gelé.

Et l'âge est sur nous avant qu'on y pense.
Un beau jour la mort entre dans tes draps.
On prétend qu'au ciel est ta récompense;
Dors, en attendant, tant que tu pourras.

Après tout, la tâche est-elle si dure?
L'hiver on grelotte, on grille l'été;
Mais le soleil rit après la froidure.
Paysan, la vie a son bon côté.

Personne du moins n'a fait la grimace
Quand tu vins au monde, être faible et nu ;
On te garde au feu la meilleure place,
Chacun dit : Gamin, sois le bienvenu.

Tandis qu'à la porte on est en causette,
Le bon vieux grand-père arrive, guettant
Sur ta bouche en fleur un bout de risette,
Et cela suffit pour qu'il soit content.

« C'est tout mon portrait, quand j'avais son âge,
Dit-il ; à vingt ans comme il sera fort !
Qu'il ait comme moi bon cœur, bon courage. »
Et tout en parlant voilà qu'il s'endort !

Do, do ! l'enfant do, dans tes pauvres langes,
Faits d'un vieux jupon de ta grand'maman,
Dors, bon gros moutard qui n'as rien des anges,
Dors jusqu'à demain, dors, petit Bressan.

Noël

La Vierge mignonne endort, en chantant,
Son petit Jésus sur la paille fraîche.
Elle resplendit au fond de la crèche,
Comme un grand lis d'or au bord d'un étang.

Hélas! le pauvret grelotte en ses langes.
Il pleure, et le vent qui vient des chemins
Glace méchamment ses petites mains,
Faites pour guider la troupe des anges.

Comment l'apaiser ? — Le bon saint Joseph
D'une voix très douce entonne un cantique ;
Et l'âne et le bœuf, sous l'auvent rustique,
Marquent la mesure en branlant le chef.

Mais qui vient là-bas ? Quel est ce cortège ?
Ce sont les bergers avec leurs troupeaux.
Ils entrent, vêtus de sayons de peaux,
Tout enguirlandés de flocons de neige.

— « Salut, bonne dame, enfant merveilleux !
Si nous n'avons pas, comme les rois mages,
De l'or, de l'encens, de belles images
Pour vous réjouir le cœur et les yeux,

« Pauvres chevriers, perdus dans la plaine,
S'il nous faut pâtir, hiver comme été,
Regardez du moins notre pauvreté,
Ne méprisez pas nos bonnets de laine.

« Nous voilà, petits, tous à vos genoux.
Souriez un peu, soyez charitable.
Nous sommes aussi nés dans une étable.
Que vos jolis yeux s'arrétent sur nous.. »

Et se prosternant devant la Madone,
Chacun lui présente un peu de pain bis,
Des roses, des noix, du lait de brebis,
Et c'est de grand cœur que cela se donne.

Aussi gracieux qu'un jour de printemps,
L'enfant a souri, disant : « Je vous aime. »
Joseph et Marie ont souri de même,
Et le bœuf et l'âne ont paru contents.

Les Rois Mages

I

A minuit sonnant passent les Rois Mages.
Ils viennent tous trois du pays lointain
Où fleurit la rose, où naît le matin.
Ils vont à Jésus rendre leurs hommages.

Ils vont saluer l'enfant printanier,
Son père Joseph, sa mère Marie.
Deux sont blancs, avec la barbe fleurie ;
Le troisième est noir comme un charbonnier.

Tandis qu'ils dormaient, la couronne en tête,
Un ange du ciel éblouit leurs yeux :
— « O rois, levez-vous, le monde est joyeux ;
O rois, levez-vous, la terre est en fête.

« Allez promptement. Le Sauveur est né,
Parmi les pasteurs, au fond d'une crèche. »
La brise souffla, divinement fraîche,
Et tout le palais fut illuminé.

Ils ont pris congé de la reine brune
Dont la bouche en fleur a soudain pâli.
Ils ont embrassé l'héritier joli ;
Les voilà partis dans la nuit sans lune.

Ils vont, galopant par monts et par vaux,
Franchissant les bois et les chènevières ;
Ils sautent d'un bond fleuves et rivières,
Et la terre tremble sous leurs chevaux.

Ils vont. Leurs manteaux traînent sur la brande
Ou filent gaîment par les prés mouillés.
Trente petits nains, de rouge habillés,
Sur des coussins verts portent leur offrande.

Et toujours, loin, loin dans le firmament,
Une étoile brille et les accompagne.
Sa douce lueur endort la campagne,
Sous la nuit sans lune, ineffablement.

Voici qu'en pleins champs apparaît l'étable.
L'étoile s'arrête et la troupe aussi.
— « Holà, font les Rois, entrons. C'est ici
Que nous trouverons l'enfant délectable. »

II

Ah! ce n'était pas un riche palais,
Tout fleuri d'argent, d'or et de lumière;
Pas même la grange où rit la fermière,
Au tomber du jour, avec ses valets.

Rien qu'un toit qui branle. Oh! quelle demeure
Pour la bonne Dame et pour l'enfant Dieu!
Il vente, à grands coups, dans l'âtre sans feu,
Et la Vierge chante à Jésus qui pleure.

Le loquet tiré, sont entrés les Rois.
Ils ont, dès le seuil de la bergerie,
Salué Joseph, salué Marie,
Fait une risette au poupon, tous trois.

— « Fontaine d'amour où le ciel se mire,
Perle qui brillez au milieu du foin,
Pour vous adorer nous venons de loin,
Nous vous apportons l'encens et la myrrhe. »

Derrière le bœuf, tout près de l'ânon
Qui s'est mis à braire, en signe de joie,
Ils sont à genoux. Jésus leur envoie
Un baiser à tous de son doigt mignon.

Aux fentes du mur on voyait l'escorte
Qui regardait tout de grande amitié ;
De ces pauvres gens Marie a pitié.
Elle dit : — « Joseph, ouvrez donc la porte. »

Ils entrent. Chacun paiera son écot
D'une chansonnette à la bonne hôtesse.
Mais, pour le savoir et la politesse,
Nul ne vaut Gaspard, le roi moricaud.

Comme un enchanteur agitant ses manches,
Il bat la mesure et conduit le chœur.
Il rit largement et de tout son cœur ;
Dans sa face noire on voit ses dents blanches.

« Voici quinze jours que je n'ai dormi,
Pour te voir plus tôt, avec ma Fanchette.
Si j'ai le cuir noir, mon âme est blanchette ;
Baille-moi cinq sous, mon petit ami. »

III

L'étoile d'amour, qui perce la brume,
Illumine encor la pauvre maison.
Un trait d'or soudain barre l'horizon,
L'Orient rougit et le jour s'allume.

Par une ouverture au milieu du toit,
Apparaît au ciel un nuage rose ;
Et l'enfant, frais comme un bouton de rose,
S'endort en tétant le bout de son doigt !

Tristesse de la Vierge

I

Relevant de sa main blanche
Ses cheveux couleur de miel,
La Vierge un instant se penche
Au balcon doré du ciel.

Elle regarde le monde
Qui s'éveille à l'Orient,
Les étoiles dont la ronde
Passe, passe en tournoyant.

Aucun bruit dans l'étendue :
A peine le cri lointain
D'une alouette éperdue,
Appelant le gai matin.

Et cette voix, qui s'élance
Vers l'azur et les clartés,
Se fond dans le grand silence
Des espaces enchantés.

II

La Vierge écoute. Elle rêve,
Seulette au balcon des cieux.
Doucement le jour se lève,
Illuminant ses doux yeux.

Tout semé de rayons roses,
Le ciel s'éclaire, et soudain
La terre, au milieu des roses,
Apparaît comme un jardin.

Avec sa verte ceinture
De forêts au front changeant,
Elle semble, à l'aventure,
Voguer sur un lac d'argent.

Qu'elle est charmante et fleurie,
Sa face au-dessus des eaux !
Que d'allégresse attendrie
Dans le chant de ses oiseaux !

La Vierge rêve. Elle admire
La parure des prés verts ;
En ses yeux divins se mire
La fraîcheur de l'univers.

Son âme s'est envolée,
Légère comme autrefois,
Vers l'heureuse Galilée
Où l'eau chante dans les bois.

Elle a connu cette aurore,
Quand elle était parmi nous ;
Elle croit sentir encore
Son enfant sur ses genoux.

A quoi bon le chœur des anges,
Le Paradis et sa cour,
Puisque Jésus dans ses langes
Lui sourit avec amour !

III

Délicate fleur du songe,
Que ton éclat dure peu !
Était-ce donc un mensonge,
Cette paix du grand ciel bleu ?

Sur le riant paysage
Une ombre noire a passé ;
L'homme a montré son visage,
La vie a recommencé.

La Vierge qui s'inquiète
Se penche, et son cœur aimant
Entend la plainte que jette
Le monde éternellement.

Dieu, là-bas, tant de souffrance
Et qui fait si peu de bruit!
Que d'êtres sans espérance
Ont pleuré toute la nuit!

C'est grand'pitié. Notre-Dame
Soupire en joignant les mains,
Comme au temps où, pauvre femme,
Elle errait par les chemins.

Elle se voit quasi morte
De lassitude et d'effroi;
Chacun lui ferme sa porte ;
Son petit Jésus a froid.

Son enfant, tout son courage,
Ah! comment le protéger!
Les bourreaux sont à l'ouvrage,
On va venir l'égorger.

Et celle dont la parole
Éblouit le firmament,
Sur la terre, hélas ! si folle,
Pleure, pleure amèrement.

Victime du Réveillon

Hélas ! Le bon gros cochon
Qui, dans la paix de son âme,
Agitait comme une flamme
Sa queue en tire-bouchon ;

Lui qui, sans la moindre pose,
De l'air le plus avenant,
Exhibait à tout venant
Son cher petit groin rose.

On l'a tué sans pitié ;
Il n'ira plus, par le monde,
Distribuer à la ronde
Ses grognements d'amitié.

Par les pieds, à quelque poutre,
Le voici, pauvre verrat,
Pendu comme un scélérat,
Déjà vidé d'outre en outre.

Dans la seille de bois blanc
Fument ses tripes énormes.
Devant ces restes informes,
Les canards vont défilant.

Triste spectacle, à vrai dire !
Mais, au premier carillon
De Noël, quand Réveillon
Lèvera sa poêle à frire ;

A l'heure où l'on danse en rond,
Quelle odeur de goinfrerie
Emplira la métairie
Où les gars s'attableront,

Et, braves gens, que de joie,
Lorsqu'en forme de boudin
Ressuscitera soudain
Le bon habillé de soie !

Aux Amis

Deux hommes sont en moi qui se livrent bataille.
C'est un pauvre amoureux contre un rabelaisien.
L'un, confit en douceur, se pâme où l'autre bâille ;
L'un fait de petits vers et l'autre fait ripaille.
Ce qu'au juste je suis, ma foi, je n'en sais rien.

On gagne appétit même à poursuivre les fées.
Tantôt, las, je me couche à côté du chemin.
Voici mon Rabelais qui me vient par bouffées.
Je ne suis plus dévot qu'aux poulardes truffées.
Muse, que me veux-tu ? Bonne vieille, à demain.

Tantôt l'œil qui riait se fait mélancolique.
Le petit amoureux, plein de sonnets fleuris,
Se glisse tout tremblant derrière le sceptique,
Décroche sa guitare et sourit en musique.
C'est crainte de pleurer, bien souvent, que je ris.

Ainsi je sers d'arène à ce couple bizarre.
Je vais à moitié triste et joyeux à moitié.
Mais qu'au fond des grands bois le poète s'égare,
Ou que l'autre, en buvant, allume son cigare,
Ce qui ne change pas en moi, c'est l'amitié.

En Rêve

Vous me demandez qui je vois en rêve?
Et gai, c'est vraiment la fille du roi;
Elle ne veut pas d'autre ami que moi.
Partons, joli cœur, la lune se lève.

Sa robe qui traîne est en satin blanc,
Son peigne est d'argent et de pierreries;
La lune se lève au ras des prairies.
Partons, joli cœur, je suis ton galant.

Un grand manteau d'or couvre ses épaules :
Et moi dont la veste est de vieux coutil !
Partons, joli cœur, pour le Bois-Gentil.
La lune se lève au-dessus des saules.

Comme un enfant joue avec un oiseau,
Elle tient ma vie entre ses mains blanches.
La lune se lève au milieu des branches.
Partons, joli cœur, et prends ton fuseau.

Dieu merci, la chose est assez prouvée,
Rien ne vaut l'amour pour être content.
Ma mie est si belle et je l'aime tant !
Partons, joli cœur, la lune est levée.

Cimetière de Campagne

J'ai revu le cimetière
Du bon pays d'Ambérieux
Qui m'a fait le cœur joyeux
   Pour la vie entière,

Et, sous la mousse et le thym,
Près des arbres de la cure,
J'ai marqué la place obscure
   Où, quelque matin,

Quand dans la farce commune
J'aurai joué mon rôlet,
Et récité mon couplet
Du clair de la lune,

Libre enfin de tout fardeau,
J'irai tranquillement faire,
Entre mon père et ma mère,
Mon dernier dodo.

Pas d'épitaphe superbe,
Pas le moindre tralala ;
Seulement, par-ci, par-là,
Des roses dans l'herbe,

Et de la mousse à foison,
De la luzerne fleurie,
Avec un bout de prairie
A mon horizon.

Ah! dans ce décor champêtre
Comme je dormirai bien!
Quel excellent paroissien,
　　Curé, je vais être!

Après avoir tant trotté
Et s'être fait tant de bile,
C'est si bon d'être immobile
　　Pour l'éternité!

L'église de ma jeunesse,
L'église au blanc badigeon,
Où jadis, petit clergeon,
　　J'ai servi la messe,

Est encore là tout près,
Qui monte sa vieille garde,
Et, sans se troubler, regarde
　　Les rangs de cyprès.

Entouré de tous mes proches,
Sur le bourg, comme autrefois,
J'entendrai courir la voix
    Légère des cloches.

Elles ont vu mes vingt ans
Et n'en sont pas plus moroses ;
Elles me diront des choses
    Pour passer le temps.

Puis, l'après-midi, j'espère,
Tous les petits polissons
Qui vont prendre des leçons
    Du premier vicaire,

D'un couplet de mirliton
Salueront nos mausolées,
Et joueront dans nos allées
    A saute-mouton.

Bref, je serais, il me semble,
Un mort tout à fait heureux,
Si parfois deux amoureux
  S'en venaient ensemble,

Lui timide, un peu jeunet,
Elle fraîche et guillerette,
Cueillir un brin de fleurette
  A mon jardinet.

Craintifs comme deux colombes
Prêtes à s'effaroucher,
Je crois les voir s'approcher
  De nos pauvres tombes.

Ils se tiendront par la main,
Regardant tout sans mot dire,
Mais je veux qu'un bon sourire
  Leur vienne en chemin.

« Cher poète sans malice,
Diront-ils en se signant,
C'est là qu'il dort maintenant ;
Que Dieu le bénisse !

« Jamais il n'a fait affront
A qui l'invitait à boire. »
Et, pour fêter ma mémoire,
Ils s'embrasseront !

Beau Page de la Reine

— Qu'avez-vous, dites-moi,
Beau page de la reine?
Qu'avez-vous, dites-moi,
Gentil menin du roi?

Madame a les yeux doux
Et vous portez sa traîne,
Madame a les yeux doux :
Pourquoi donc pleurez-vous?

— Hélas; je ne suis rien
Qu'un enfant qui soupire,
Hélas! je ne suis rien,
L'amour est tout mon bien.

Si je n'aimais pas tant,
Comme il ferait bon rire!
Si je n'aimais pas tant,
J'aurais le cœur content.

— Madame a dans les yeux
Le bleu de la pervenche,
Madame a dans les yeux
Quelque chose des cieux.

Madame entre ses doigts
Tient une rose blanche,
Madame entre ses doigts
Tient la rose des bois,

Et ses cheveux dorés
Comme la fraîche aurore,
Et ses cheveux dorés
Ont la senteur des prés.

— Ah! plutôt des lilas,
J'en pleurerais encore,
Ah! plutôt des lilas,
Mais ne m'en parlez pas.

— Bah! souriez un peu,
Beau page de la reine,
Bah! souriez un peu,
Beau page rose et bleu.

— Non, j'ai trop écouté
Le chant de la sirène,
Non, j'ai trop écouté
Le rossignol d'été.

Entre les deux sentiers
Qui vont à la rivière,
Entre les deux sentiers
Recouverts d'églantiers,

Du côté du Levant,
Dans une chènevière,
Du côté du Levant,
Est un petit couvent.

C'est là que bien caché
Au fond d'une cellule,
C'est là que bien caché,
J'expierai mon péché.

Mais lorsque tendrement
Viendra le crépuscule,
Mais lorsque tendrement
Luira le firmament,

Du haut de la grand' tour
Qui regarde la plaine,
Du haut de la grand' tour,
J'épierai ton retour,

O mon royal trésor,
Ma blonde châtelaine,
O mon royal trésor,
Ma reine aux cheveux d'or.

Chanson

Margot, ma mignonne, entends-tu le vent
Qui fait son fracas dans la cheminée?
Voici qu'a fleuri la nouvelle année.
Margot, ma mignonne, entends-tu le vent
Qui fait son tapage, après comme avant?

Margot, ma mignonne, entends-tu la sève
Qui monte à grands flots dans la forêt d'or?
Voici qu'a fleuri l'amoureux décor.
Margot, ma jolie, entends-tu la sève
Qui monte et bouillonne à l'arbre du rêve?

Margot, mon trésor, entends-tu le blé
Qui tout doucement veut venir au monde ?
Voici qu'a fleuri le cœur de la blonde.
Margot, mon trésor, entends-tu le blé
Qui veut voir enfin le ciel étoilé ?

Margot de mon âme, entends-tu les roses
Qui jasent d'amour au bord du ruisseau ?
Voici qu'a fleuri le fol arbrisseau.
Margot de mon âme, entends-tu les roses
Qui jasent d'amour et d'un tas de choses ?

Margot, Margoton, entends-tu mon cœur
Qui gronde et tempête et pleure et soupire ?
Voici qu'a fleuri l'idéal empire.
Margot, Margoton, entends-tu mon cœur,
Ce gas si terrible à qui tu fais peur ?

Odelette

O Muse des bois,
Tout enrubannée,
Grâce de l'année,
Délices du mois,

Muse dont la tresse
S'accroche aux buissons
Et dont les chansons
Ravissent la Bresse,

Muse aux pompons verts,
Follette qui danse,
Prends ma confidence,
Accueille mes vers.

Je te les présente
En leur tendre fleur.
Viens et souris-leur,
Jeunesse plaisante.

Vois : ils sont encor
Trempés de rosée ;
Leur aile irisée
Va prendre l'essor.

Comme autour d'un saule
L'oiseau tourne en rond,
Ils volèteront
Sur ta blanche épaule.

O belle, en passant,
Sois-leur indulgente.
Que ton souffle argente
Leur vol innocent.

Mai

Premier-né de l'amour, capricieux enfant
Qui tremble d'un baiser et s'effarouche encore,
Avril s'évanouit aux brumes de l'aurore
Et Mai, qui le remplace, apparaît triomphant.

Il pose un pied léger sur les collines roses
Où, dès le point du jour, chantent les violons,
Et dans le clair fouillis de ses beaux cheveux blonds
Frissonne, à tous les vents, sa couronne de roses.

Il agite en ses mains le thyrse parfumé
Dont l'odeur sans pareille ensorcelle le monde ;
Il dit : « Éveillez-vous, rousse, brunette ou blonde !
Honte à qui peut dormir avant d'avoir aimé ! »

Et la fleurette au cœur joli qui vient de naître,
La source d'argent clair qui pleure au fond du bois,
L'oiselet qui soupire et s'égaie à la fois,
Dans la pure lumière ont reconnu leur maître.

Les belles qu'il enjôle en les troublant un peu
Sont prêtes, à sa vue, à crier : « O merveille ! »
Et voici qu'en leur âme, ingénument, s'éveille
On ne sait quoi de tendre et d'infiniment bleu.

Enchantement

La nuit délicieuse a jeté sur la terre,
Comme un gage de paix, son bouquet enchanté.
Le ciel immense semble une mer de clarté
Que sillonne, sans bruit, la flotte du mystère.

On dirait que le monde a soudain rajeuni,
Qu'au pays du bonheur il vogue à pleines voiles.
Suivons d'un pas léger, dans le bleu des étoiles,
La passerelle d'or qui mène à l'infini.

O jardin du mystique oubli, verger des âmes,
Silencieux abri du pur enchantement,
N'avez-vous pas en vous un secret talisman
Pour endormir nos cœurs et consumer nos flammes?

Tranquille paradis des suprêmes ardeurs,
Sombres forêts où flotte un éternel sourire,
Prêtez votre lumière à celui qui désire,
A celui qui regrette ouvrez vos profondeurs.

Clairières du repos, dites au vent qui passe
D'éteindre son haleine et d'alanguir son vol ;
Frais buissons qu'illumine un chant du rossignol,
Effeuillez lentement vos roses dans l'espace.

Sources qui murmurez aux féeriques vallons,
Fleurissez-vous de lune et de feuillage tendre ;
Musiques qu'on devine avant de les entendre,
Accordez la viole avec les violons.

Glissez, glissez, chansons d'adieu, chansons lointaines ;
Étincelez, châteaux et palais merveilleux ;
Images de l'azur, éblouissez nos yeux ;
Rafraichissez nos fronts, ô magiques fontaines !

Tourbillonnez, automne, après le dur été ;
Balayez notre peine avec les feuilles mortes ;
Église du dernier amour, ouvrez vos portes :
Votre calme est divin comme l'éternité !

Sous la voûte d'argent la lampe se balance,
L'invisible encensoir y répand ses langueurs.
De votre ombre céleste enveloppez nos cœurs,
Cathédrale de nuit, d'amour et de silence !

Ballade

J'ai beau, dès le petit matin,
Mettre le nez à la fenêtre.....
Personne à l'horizon lointain.
Que la gloire est lente à paraître!
Bah! Suis-je fait pour la connaître?
Quelque jour je m'endormirai
Comme Tityre au pied d'un hêtre...
Quand on m'aura bien enterré!

J'y perds, ma foi, tout mon latin.
Si ma route ainsi s'enchevêtre,
C'est, bien sûr, la faute au destin.
Et me voici presque un ancêtre.

Humble desservant, pauvre prêtre,
Qui ne pouvais passer curé,
Quel bon évêque je vais être
Quand on m'aura bien enterré !

Pour le molndre petit trottin
Mon cœur flamba comme salpêtre ;
Je m'affolai d'un diablotin
Qui plus d'un soir m'envoya paître.
On me trouvait par trop champêtre
Et j'étais peu considéré.
Que de cœurs dont je serai maître
Quand on m'aura bien enterré !

ENVOI.

Douce maitresse au cœur si traître,
O toi qui n'as jamais pleuré,
Qui sait ? Tu m'aimeras peut-être
Quand on m'aura bien enterré !

Adieu, Paris

Adieu, Paris, ville de fer,
Ville de vent, ville de rêve,
Cher Paris où l'amour se lève,
Doux Paris où j'ai tant souffert!

Et le train file, file, file,
Comme un éclair en pleine nuit...
Mon cœur fait encor plus de bruit,
Mon cœur qui n'est jamais tranquille.

Voici, sous la lune de mai,
La plaine qu'on dit pittoresque,
La verte combe où j'ai ri presque,
La colline où j'ai presque aimé.

L'histoire est-elle vraie ou fausse
Suis-je un bon, un mauvais témoin
Qu'importe ? — Voici déjà loin
Les mornes plaines de la Beauce.

Puis rien. — Du noir, du noir partout
Noir dans le ciel et sur la terre,
Noir surtout au cœur solitaire,
Gonflé de rage et de dégoût.

Et le train file et le train vole
Avec ses gros yeux qui font peur,
Le train file à toute vapeur
Comme une bête à moitié folle.

Un vent mauvais semble frémir
Dans les verdures qu'on effleure ;
J'entends comme une âme qui pleure...
Mon Dieu ! si je pouvais dormir !

Toujours, toujours, toujours la bête
Aux crocs baveux, aux flancs repus !
Toujours ces mots interrompus
Qui s'entrechoquent dans ma tête !

Les lourds pays indifférents
Montrent un coin de leur visage ;
La tristesse du paysage
Répond à mes rêves errants.

— Mais qu'est-ce ? — On dirait de la joie.
Tout n'était donc pas mort encor.
Un trait rose, une barre d'or,
Et l'infini rit et flamboie.

Ce bleu tendre, ce bleu divin !
Qu'ai-je vu ? C'est la mer immense
Où tout finit et recommence,
Que nul jamais n'invoque en vain.

O consolatrice du monde !
Puissante mer, ô grande mer !
Si j'ai quelque chose d'amer,
Qu'il se noie en ton eau profonde !

Dame de songe et de langueur,
Ensorceleuse de la brume,
Ce n'est que dans ton amertume
Que je pourrai laver mon cœur !

Le Lit clos

D'abord cet humble lit ne me dit pas grand'chose.
A parler franchement, il n'était pas trop beau
Avec son coffre usé qui servait d'escabeau,
Et ses rideaux fanés de percaline rose.

Mais il avait un air d'extrême honnêteté !
Puis, tout paraît charmant à celui qui navigue...
En dépit de son âge, il tenta ma fatigue,
Et je m'applaudis fort lorsque j'y fus monté.

Ah! le cher lit, cassé comme un bon patriarche,
Confortable pourtant, moelleux, presque douillet!
Les rudes draps, fleurant la lavande et l'œillet!
L'oreiller du repos, si doux après la marche!

On est là comme un moine en son petit couvent;
Rien ne vous pèse plus des choses de ce monde;
Et, le cœur endormi dans une paix profonde,
On écoute au dehors tourbillonner le vent.

La mer, à quelques pas, déferle sur la grève,
Et son chant monotone et large vous poursuit.
Elle parle plus franc au tomber de la nuit;
En cet abri rustique on comprend mieux son rêve.

Tant d'êtres primitifs ont dormi dans ces draps,
Tant de marins partis pour la grande aventure,
Tant de durs laboureurs, tant d'hommes de nature,
Gagnant leur pauvre vie à la force des bras!

Simples, ils n'étaient pas de ceux-là qu'on acclame.
Leurs dévouements obscurs, on les a méprisés.
Mais ce lit, confident de tant d'espoirs brisés,
A gardé, j'en suis sûr, une part de leur âme.

C'est lui qui, par un soir trop vite évanoui,
Accueillit le hardi jeune homme avec sa douce.
Il leur a fait un nid plus tendre que la mousse ;
Leurs honnêtes baisers l'ont souvent réjoui.

Il a connu le trouble et l'abandon des vierges.
Il fut l'ami des vieux et leur dernier soutien.
Il a vu la naissance et la mort du chrétien.
Il finira lui-même à la lueur des cierges.

Et comme je partais pour l'éternel azur
Avec ces braves gens et leurs vertus cachées,
Les images de Saints, près de l'âtre accrochées,
Parurent tout à coup se détacher du mur.

Je vis venir à moi des bonshommes de plâtre,
Peinturlurés de vert, de jaune et de carmin,
Et tous me saluaient, tous avaient à la main
La crosse de l'évêque ou le bâton du pâtre.

L'un surtout souriait avec aménité !
C'était un beau vieillard à la barbe fleurie.
Je reconnus le clerc de la Vierge Marie,
Le pasteur et le juge, Yves de Vérité !

Il regarda mon lit avec des yeux d'ancêtre.
Son regard sans malice avait mille douceurs ;
Et celui devant qui tremblent les oppresseurs
Parla divinement en ce cadre champêtre.

— « Que tu viennes de France ou d'un monde inconnu,
Que tes pieds aient foulé la plaine ou la montagne,
Mon fils, je te salue au nom de la Bretagne.
Entre sur mon domaine, et sois le bienvenu !

« Nos genêts d'or, nos clairs ajoncs, nos blanches roses
Si tu comprends leur âme, enchanteront tes yeux ;
Notre mer te dira le secret des aïeux ;
Écoute-la parler ! Elle sait bien des choses...

« En ces bois d'où le siècle est à jamais banni,
Tu pourras entrevoir un coin du grand mystère ;
Un charme d'innocence est resté sur ma terre,
Elle peut sans effroi contempler l'infini.

« Peut-être apportes-tu quelque penser frivole :
Laisse échapper, mon fils, cet oiselet doré,
Souviens-toi que ce sol est un lieu consacré
D'où, comme un pur encens, la prière s'envole.

« Pense à ceux que la vague a naguère engloutis
Et qui t'ont précédé dans cette humble demeure.
Eux aussi souriaient aux délices de l'heure,
C'est l'espérance aux yeux que tous étaient partis.

« Mais quand un vent de mort a secoué leurs voiles,
Leur cœur au sacrifice était déjà tout prêt ;
Ils ont baissé la tête, et, sans même un regret,
Se sont évanouis dans la paix des étoiles.

« Songe à ces laboureurs qui creusent leur sillon,
Sans se lasser jamais, dans la pierre ou le sable ;
A tous ces travailleurs que la fatigue accable,
A ces bœufs, patients et doux sous l'aiguillon.

« Ils ne se plaignent pas. Rien ne les décourage.
Leur âme a la candeur et la foi du ciel bleu.
Pour oublier leur peine et monter jusqu'à Dieu,
Il leur suffit d'entendre un oiseau dans l'orage.

« Toi que hante, à cette heure, un souvenir mortel,
Regarde ces vaillants et prends-les pour exemple.
Dépouille ton orgueil à la porte du temple ;
Agenouille ton cœur devant le pur autel.

« Le chagrin qui t'oppresse est pareil aux mouettes
Qu'emporte sur la mer le vent qui rajeunit.
Puisses-tu, délivré des pièges du Maudit,
Redevenir enfant avec les alouettes !

« Vois ! La sainte Bretagne a pour toi revêtu
Sa parure d'ajoncs, son manteau de bruyères.
Un esprit bienfaisant respire dans ces pierres :
De ces mille fleurs d'or s'exhale une vertu.

« C'est un rêve d'argent qui bat le pied des roches ;
D'angéliques parfums s'élèvent du ravin ;
Et, comme un frais écho du royaume divin,
Dans l'azur infini passe le chant des cloches.

« O mon fils, c'est ici la terre de beauté,
C'est le pays d'amour où le soleil se couche.
Si quelque chant léger s'envole de ta bouche,
Qu'il soit fait d'innocence et de simplicité ! »

— « Ainsi soit-il ! » pensai-je, et soudain je m'éveille.
Qu'est-ce donc ? A ma porte apparaît un jour cru.
Avec sa barbe d'or l'évêque a disparu,
Mais son accent breton m'est resté dans l'oreille.

O bonhomme Héloury, vous enseignez l'amour.
La vertu du lit clos opère à sa manière.
Me voici désormais une âme printanière,
Une âme de granit... avec des fleurs autour.

C'est un cœur trégorrois qui bat dans ma poitrine,
Un large cœur, sincère et droit, qui ne ment pas.
J'emplirai mes poumons du bon air de là-bas
Et je me fleurirai les yeux d'algue marine.

J'étais l'indifférent qui ne s'attache à rien,
Le mauvais ouvrier qui meurt de sa paresse ;
Les cloches de la mer comprendront ma détresse
Et m'apprendront peut-être à faire un peu de bien.

La fraîcheur de la lande a passé dans mon être.
J'ai franchi la rivière et sauté l'échalier.
Les calvaires m'ont fait un salut familier.
Tout le charme d'Arvor m'entoure et me pénètre.

Je ne demande plus que la douceur du chant.
Si j'ai des ennemis, je n'en veux à personne.
Je suis l'oiseau qui vole et l'Angelus qui sonne
Pour le sage et le fou, même pour le méchant.

Et voici, grâce à Dieu, ma plantureuse hôtesse
Qui m'apporte la goutte et le cidre mousseux.
— « Encore au lit, dit-elle, êtes-vous paresseux ! »
Comment ne pas répondre à tant de politesse ?

Bretagne hospitalière et franche, à ta santé !
Aux filles de Trégor, à tous ses rudes hommes !
Comme eux, je rends hommage au noble jus des pommes.
J'étais déjà Breton sans m'en être douté.

Jeunesse

O jeunesse aux grands yeux, jeunesse aux cheveux blonds
Qui poses, dès l'aurore, un pied dans la rosée ;
Dame du clair matin, pareille à l'épousée
Que le seigneur amène au son des violons,

Toi qui vas les bras nus, les tresses dénouées,
Rieuse, à travers l'ombre et la nuit et le vent ;
Toi qui pour diadème as le soleil levant
Et dont la robe rose est faite de nuées,

Que ton charme est puissant et doux ! Les plus hardis,
Fléchissant le genou, t'adorent en silence ;
Pur comme l'encensoir qu'une vierge balance,
Le ciel se teint pour toi d'un bleu de Paradis ;

Et dans le pays vert où ta grâce ingénue
Sous le baiser d'avril éclate en liberté,
Pleins de ton allégresse et fous de ta beauté,
Les oiseaux, par milliers, célèbrent ta venue.

Ta sveltesse ineffable est celle du bouleau,
Ta voix nous berce ainsi qu'une chanson lointaine ;
Comme un lys qui s'effeuille au bord d'une fontaine,
Ton corps délicieux a la fraîcheur de l'eau.

Tu ressembles parfois à la biche craintive
Qui, l'oreille aux aguets, sent venir le chasseur ;
Ta bouche, au clair de lune, a l'étrange douceur
De la belle-de-nuit et de la sensitive.

Parfois, lasse d'avoir suivi les papillons,
Tu mires ton visage à la source des fées,
Et l'odeur des lilas t'arrive par bouffées
Dans la brise qui vague et le chant des grillons.

Et puis, comme Diane errant par la clairière,
Le carquois sur l'épaule, avec ses lévriers,
Sur un fond d'azur pâle et de genévriers
Tu resplendis, superbe et chaste, ô ma guerrière.

Telle je t'aperçus pour la première fois
Dans le brouillard léger de l'aube qui se lève,
A cette heure où la vie est comme un divin rêve
Que traverse un soupir de flûte ou de hautbois.

Près du ruisseau d'argent, dans la forêt mystique
Où tremble, vers le soir, un chant de volupté ;
Près des cascades d'or, dans le cirque enchanté,
Ton appel virginal était comme un cantique.

Enfant émerveillé, j'allais par le chemin ;
Je regardais danser le soleil sur la mousse.
Adorable et terrible, éblouissante et douce,
Tu m'apparus, Jeunesse, une rose à la main !

. . . .

C'en est fait, c'en est fait. La rafale a soufflé,
Les arbres dépouillés ont incliné leur tête,
Le château de la Joie, hélas ! s'est écroulé.

Les ombrages discrets et les salles de fête
Où voltigeaient le rire et les propos galants,
N'entendront désormais parler que la tempête.

Porches enguirlandés, marbres étincelants,
Images de douceur et de mélancolie,
Endormez-vous, dans l'herbe, avec les rosiers blancs.

Celui qui vous a faits maintenant vous oublie ;
Votre gloire est à terre et ne peut refleurir.
Vous avez moins duré qu'un moment de folie !

Au prochain renouveau bien des cœurs vont s'ouvrir,
Mais tu ne viendras plus, à l'aube, ô mon aimée,
Me dire un de ces mots dont on voudrait mourir ;

Je n'irai plus, craintif, à travers la ramée,
Éveiller d'un baiser la Belle au Bois dormant ;
La porte aux clous d'ivoire est à jamais fermée.

Pourtant j'ai retenu le vieil enchantement.
Du profond de ma nuit, l'enfant aux longues tresses
Se lève comme un ange au seuil du firmament.

La voici comme au jour des dernières tendresses,
Un brin de marjolaine à son corset doré ;
J'ai sur la bouche encor le miel de ses caresses.

Je revois la splendeur de son corps adoré,
Mon désespoir tressaille au souffle de sa joie,
Je reconnais ses yeux qui n'ont jamais pleuré.

O Jeunesse, il te faut, sous l'azur qui flamboie,
Dans la maison qu'endort l'arome du jasmin,
Le doux frémissement des échelles de soie.

Tu n'as pas comme nous la peur du lendemain,
Tu restes aux pays des fêtes éternelles,
Ton cœur est sans pitié pour qui tombe en chemin.

Ah ! combien vont brûler au feu de tes prunelles ?
Dis-leur tout bas ces mots qui nous rendaient heureux,
Unis pour un instant leurs âmes fraternelles.

Laisse nonchalamment, laisse tomber sur eux
L'illusion céleste et le divin mensonge ;
Qu'une chère minute ils se croient amoureux !

Moi, semblable à l'enfant qu'on éveille en plein songe
Et qui ne peut se faire à la réalité,
Je regarde, anxieux, ma route qui s'allonge.

Qui sait à quel désert, quelle morne cité
Aboutira soudain cette route inconnue?
Devant ce blanc serpent je suis épouvanté.

Quel silence de mort dans la campagne nue!
Où sont les mille voix qui, sous les chênes verts,
Aux matins triomphants disaient ma bienvenue?

Dois-je croire à présent que le vieil univers,
Comme un tableau fané, passe et se décolore?
N'est-ce pas moi, jadis, qui vis les cieux ouverts?

Il faut tourner le dos au pays de l'aurore?
Quels marais abhorrés trouverai-je en marchant?
Quelles roses de deuil à mon soir vont éclore?

N'importe! Je m'en vais, je m'en vais sans un chant
Qui puisse réjouir mon âme désolée,
Je m'en vais sans espoir au-devant du couchant.

Mais avant d'arriver à la sombre vallée,
Je veux sentir encor l'odeur de tes lilas,
Jeunesse inoubliable, enfant immaculée!

Je ne blasphème pas; je ne t'accuse pas.
Je sais trop aujourd'hui, Déesse que je pleure,
Quel éternel printemps doit naître sous tes pas.

Nous disparaissons tous et ta beauté demeure.
Immortelle, combien tu dois nous mépriser,
Nous dont l'enivrement ne dure pas une heure?

Parfois nos cœurs chétifs ont l'air de s'embraser
Ce n'est qu'un feu de paille et la brise qui passe
Emporte nos ardeurs avec notre baiser.

Mais, toujours accablés du poids de ta disgrâce,
Comme des courtisans loin de leur souverain,
Nous languissons privés du charme de ta grâce.

Et toujours nous revient le son du tambourin
Qui servait de signal à ceux de tes fidèles
Que fleurit la verveine avec le romarin.

Oiseau bleu, bel oiseau qui fuis à tire-d'ailes,
Que ne peux-tu venir, ne fût-ce qu'un instant,
Consoler notre toit comme les hirondelles ?

Rien ne t'arrête, hélas ! Idéal inconstant ;
A peine voyons-nous ton ombre, ô Poésie,
Que vers d'autres soleils tu t'en vas en chantant.

Princesse du caprice et de la fantaisie,
Échanson de la joie. à de meilleurs que nous
Porte la coupe rose où mousse l'ambroisie.

Mais qu'une fois encor je tombe à tes genoux,
Comme l'amant qui pleure au nom de sa maîtresse
Et dont le triste amour ne fait pas de jaloux;

Permets qu'à travers bois, ô nymphe chasseresse,
Je suive de bien loin le chœur de tes élus;
Laisse-moi te bénir du fond de ma détresse,

Jeunesse aux cheveux blonds qui ne me connais plus!

A Paul Verlaine

Depuis l'heure divine où j'adorais les roses,
Le sommeil de mon cœur s'est à peine éveillé ;
Je suis resté l'enfant toujours émerveillé
Qui croit à la bonté des hommes et des choses.

J'ai gardé la fraîcheur de mes yeux de vingt ans,
Mon âme aux quatre vents ne s'est pas défleurie.
Je sais tous les sentiers du pays de féerie,
Je suis le pèlerin de l'éternel printemps.

La nature se livre à qui la veut comprendre ;
J'ai goûté la douceur de son corps merveilleux.
Le même bleu d'aurore est au fond de mes yeux.
La rose de sa bouche est toujours aussi tendre.

Par les plaines d'azur, par le monde enchanté,
Sourd aux vaines rumeurs de la folie humaine,
Je m'en vais, sans savoir où le hasard me mène.
Vers la terre où fleurit l'immortelle beauté,

Heureux de me plonger dans le soleil de France,
De respirer les fleurs et d'écouter le vent,
Amoureux de lumière et toujours poursuivant
Dans l'or pâle des soirs quelque folle apparence.

Et je me sens le cœur d'un franc ménétrier
Lorsqu'une blonde fille, en robe de futaine,
M'accueille d'une œillade au bord de sa fontaine.
Et m'offre, en souriant, le vin de l'étrier.

Douceur

De la musique avant toute chose.
PAUL VERLAINE.

De la douceur avant toute chose,
De la douceur et de la bonté !
Que toujours flotte, au vent enchanté,
Dans l'azur tendre, une douce rose !

Sous les rosiers marche doucement.
Effeuille, en passant, la fleur nouvelle.
Sans y penser, laisse en ta cervelle
S'épanouir le rêve charmant.

Sois bon pour tous comme pour toi-même.
Pur? Je ne dis pas. C'est trop lointain.
Ouvre ton cœur au ciel du matin,
Et rappelle-toi qu'il faut qu'on aime.

Écoute la brise au parler si doux.
Regarde l'aurore. Elle est si blonde!
Sois, en ce cruel et triste monde,
La violette au milieu des houx.

Ne juge pas, n'accuse personne.
N'as-tu rien, toi, qu'on puisse blâmer?
Frère, souviens-toi qu'il faut aimer.
Écoute, au loin, l'*Angelus* qui sonne.

Si quelque pauvre âme, en son chemin,
Tremble et défaille au mal qui l'oppresse.
Oh! n'ajoute pas à sa détresse;
Cordialement tends-lui la main.

Sois l'oiseau léger qui vole, vole,
L'oiseau matinal, couleur du jour,
Qui berce encor de vieux chants d'amour
Notre sombre terre, à moitié folle.

Sois le verger plein de boutons d'or,
La source limpide où l'on vient boire,
Le bois profond aux feuilles de moire,
Où passe, à la brume, un chant de cor.

Sois l'étang tranquille où se reflète
Un paysage infiniment clair.
Sois tout le bleu qui vague dans l'air.
Parmi les houx sois la violette.

Ah! je sais bien : le soleil qui luit
A fait cligner plus d'une paupière ;
Il est, hélas! plus d'un cœur de pierre ;
Il est encor des âmes de nuit.

Aveugles, sourds et fous que nous sommes!
Tous, au hasard, s'en vont trébuchant;
L'un est stupide et l'autre est méchant.
Eh bien! Que veux-tu? ce sont des hommes.

Avant le Soir

Le soir n'est pas encor tombé, le soir mystique
Qui calmera nos cœurs et fermera nos yeux,
Le soir où surgiront, par delà d'autres cieux,
Les tours de sombre azur des villes du cantique.

Mais déjà quelque brise, un murmure confus
Dans l'ombre qui s'allonge en annoncent l'approche,
Et je me sens bercé d'une invisible cloche
Qui pleure, on le dirait, sur l'homme que je fus.

L'eau vive court encore où l'anémone blanche
Abandonna son cœur aux souffles du matin.
Un charme est demeuré sur la mousse et le thym
Le rossignol d'amour est toujours sur la branche.

Hélas! La toute belle a perdu ses couleurs ;
Une ombre de langueur se mêle à sa tendresse,
Et le chant de l'oiseau n'a plus cette allégresse
Qui faisait tressaillir tout le pays des fleurs.

Quand midi grésillait sous l'azur qui flamboie,
J'ai cheminé dans l'or comme un bon moissonneur,
J'ai tenu dans mes mains l'écusson du bonheur,
J'ai porté fièrement l'étendard de la joie.

Faut-il donc insulter à ce passé charmant ?
Non, non. Je suis à lui comme au toit l'hirondelle.
S'il ne me connait plus, je lui reste fidèle ;
Je n'ai rien désappris du vieil enchantement.

Car je tiens que le rire est une noble chose,
Un frère de l'amour, un guide sans pareil,
Et qu'on ne peut avoir, au pays du soleil,
De meilleurs conseillers que le lys et la rose.

Pourtant, aux meilleurs jours, j'ai parfois entendu
Souffler en mon jardin comme un vent de colère.
Un serpent d'émeraude est au fond de l'eau claire ;
Quand je m'y suis baigné, le traître m'a mordu.

Et j'ai souffert. Beaucoup. Peut-être plus qu'un autre.
J'ai fait plus d'une halte au château des affronts.
O ma jeunesse à l'œil si vif, aux gestes prompts,
Tu n'as pas oublié la peine qui fut nôtre.

Marguerites des prés et pervenches des bois
Étoilaient à l'envi ta chevelure brune...
Ah ! dans ces longues nuits que fleurissait la lune,
Qu'il a passé de pleurs entre tes petits doigts !

Le page qui, tremblant, tenait ta lourde traîne
L'a bien su, mais jamais il n'en aurait rien dit.
A voir ta bouche close il était interdit;
Pour or ni pour argent il n'eût trahi sa reine.

Jeunesse, ma jeunesse, avons-nous bien lutté?
Avons-nous bravement tenu tête à l'orage?
Sourire en plein tourment, n'est-ce pas du courage?
Quand nous agonisions, nul ne s'en est douté.

Le printemps, à sa cour, aimait à nous entendre;
L'aube accueillait gaîment nos rires ingénus,
Nous avons tant chanté qu'on nous a méconnus,
Et beaucoup n'ont pas vu ce que j'avais de tendre.

Qu'importe? En vérité, c'était là le bon temps,
Le temps de la bataille et le temps des verveines;
Un sang vermeil et chaud nous courait dans les veines,
Un beau songe de gloire enflait les combattants.

Maintenant, tout est morne et tout se décolore ;
Les roses du parterre ont un parfum d'adieu,
Et dans ce triste ciel, qui fut un jour si bleu,
Pas un seul n'est resté des voiles de l'Aurore.

Résigne-toi, mon cœur. Il ne faut plus aimer.
Ne cherche pas à voir où le soleil se lève.
Regarde : celle-là qui fut ton dernier rêve,
Ses yeux délicieux sont prêts à se fermer.

La fleurette d'antan n'est plus à son corsage,
Le bois ne s'émeut plus de son rire argentin.
Va. Sans même un murmure, accepte ton destin.
Lorsque la nuit est proche, il convient d'être sage.

Prière

O Notre Dame de Fourvière,
O la seule que je connaisse,
Notre Dame de ma jeunesse
Qui souriez sur la rivière,

Aidez-moi, tendez-moi la main,
Je suis en danger de la mort.
Comment vais-je rentrer au port?
Que vais-je devenir demain?

Le vent mauvais de la prairie
A soufflé dans mes pauvres voiles.
Je sombrerai sous les étoiles,
Seul, tout seul, dans la nuit fleurie.

O Notre Dame aux blonds cheveux,
Mains d'ivoire et cœur indulgent,
Notre Dame à l'âme d'argent,
A vous s'en vont mes derniers vœux.

Écoutez ma peine profonde
Qui flotte, flotte sur l'eau claire;
O Notre Dame sans colère,
Écoutez la plainte du monde.

J'ai fait naufrage à vos genoux
Et vous avez lu dans mon cœur :
Vous savez bien, s'il est trompeur,
Combien, au fond, il était doux!

O Notre Dame de lumière
Aux yeux d'amour, aux mains si blanches,
Notre Dame d'entre les branches,
Rendez-moi ma candeur première !

TABLE

BIBLIOTHÈQUE NATIONALE — IMPRIMÉS

6688. Impr. LEMERRE, 6, rue des Bergers, Paris.

— 1930 —

3 fr. 60

www.ingramcontent.com/pod-product-compliance
Lightning Source LLC
LaVergne TN
LVHW020540060726
842525LV00004B/1243